明·王陽明 著

王陽明先生傳習録

黄山書社

王文成公全書卷之二

語錄二　傳習錄中

德洪曰：昔南元善刻傳習錄於越凡二冊下冊摘錄

先師手書凡八篇其答徐成之二書吾師自謂天下是朱非陸論定既久一旦反之爲難二書姑爲調停兩可之說使人自思得之故元善錄爲下冊之首者意亦以是歟今朱陸之辨明於天下久矣洪刻先師文錄置二書於外集者示未全也故今

不復錄其餘指知行之本體莫詳於答人論學與答周道通陸清伯歐陽崇一四書而謂格物爲學者用力日可見之地莫詳於答羅整菴一書平生冒天下之非詆推陷萬死一生遑遑然不忘講學惟恐吾人不聞斯道流於功利機智以日墮於夷狄禽獸而不覺其一體同物之心譊譊終身至於斃而後已此孔孟已來賢聖苦心雖門人子弟未足以慰其情也是情也莫見於答聶文蔚之第一書此皆仍元善所錄之舊而揭必有事焉卽致良

知功夫明白簡切使人言下即得入手此又莫詳於答文蔚之第二書故增錄之元善當時洶洶乃能以身明斯道卒至遭奸被斥油油然惟以此生得聞斯學爲慶而絕無有纖芥憤鬱不平之氣斯錄之刻人見其有功於同志甚大而不知其處時之甚艱也今所去取裁之時義則然非忍有所加損於其間也

答顧東橋書

來書云近時學者務外遺內博而寡要故先生特倡誠意一義鍼砭膏肓誠大惠也

吾子洞見時弊如此矣亦將何以救之乎然則鄙人之心吾子固已一句道盡復何言哉復何言哉若誠意之說自是聖門教人用功第一義但近世學者乃作第二義看故稍與提掇緊要出來非鄙人所能特倡也

來書云但恐立說太高用功太捷後生師傳影響謬誤未免墜於佛氏明心見性定慧頓悟之機無怪聞者見疑

區區格致誠正之說是就學者本心日用事爲閒體究

踐履實地用功是多少次第多少積累在正與空虛頓悟之說相反聞者本無求爲聖人之志又未嘗講究其詳遂以見疑亦無足怪若吾子之高明自當一語之下便瞭然矣乃亦謂立說太高用功太捷何邪

來書云所喻知行並進不宜分別前後卽中庸尊德性而道問學之功交養互發內外本末一以貫之之道然工夫次第不能無先後之差如知食乃食知湯乃飲知衣乃服知路乃行未有不見是物先有是事此亦毫釐倏忽之間非謂有等今日知之而明日乃

行也

旣云交養互發內外本末一以貫之則知行並進之說無復可疑矣又云工夫次第不能不無先後之差無乃自相矛盾已乎知食乃食等說此尤明白易見但吾子爲近聞障蔽自不察耳夫人必有欲食之心然後知食欲食之心卽是意卽是行之始矣食味之美惡必待入口而後知豈有不待入口而已先知食味之美惡者邪必有欲行之心然後知路欲行之心卽是意卽是行之始矣路岐之險夷必待身親履歷而後知豈有不待身

親履歷而已先知路岐之險夷者邪知湯乃飲知衣乃服以此例之皆無可疑若如吾子之喻是乃所謂不見是物而先有是事者矣吾子又謂此亦毫釐倏忽之間非謂截然有等今日知之而明日乃行也是亦察之尚有未精然就如吾子之說則知行之爲合一並進亦自斷無可疑矣

來書云眞知卽所以爲行不行不足謂之知此爲學者喫緊立教俾務躬行則可若眞謂行卽是知恐其專求本心遂遺物理必有闇而不達之處抑豈聖門知行並進之成法哉

知之眞切篤實處卽是行行之明覺精察處卽是知知行工夫本不可離只爲後世學者分作兩截用功失卻知行本體故有合一並進之說眞知卽所以爲行不行不足謂之知卽如來書所云知食乃食等說可見前已略言之矣此雖喫緊救弊而發然知行之體本來如是非以己意抑揚其間姑爲是說以苟一時之效者也專求本心遂遺物理此蓋失其本心者也夫物理不外於吾心外吾心而求物理無物理矣遺物理而求吾心吾

心又何物邪心之體性也性卽理也故有孝親之心卽有孝之理無孝親之心卽無孝之理矣有忠君之心卽有忠之理無忠君之心卽無忠之理矣理豈外於吾心邪晦菴謂人之所以爲學者心與理而已心雖主乎一身而實管乎天下之理理雖散在萬事而實不外乎一人之心是其一分一合之間而未免已啟學者心理爲二之弊此後世所以有專求本心遂遺物理之患正由不知心卽理耳夫外心以求物理是以有闇而不達之處此告子義外之說孟子所以謂之不知義也心一而

已以其全體惻怛而言謂之仁以其得宜而言謂之義以其條理而言謂之理不可外心以求仁不可外心以求義獨可外心以求理乎外心以求理此知行之所以二也求理於吾心此聖門知行合一之教吾子又何疑乎

來書云所釋大學古本謂致其本體之知此固孟子盡心之旨朱子亦以虛靈知覺爲此心之量然盡心由於知性致知在於格物

盡心由於知性致知在於格物此語然矣然而推本吾

子之意則其所以爲是語者尚有未明也朱子以盡心知性知天爲物格知致以存心養性事天爲誠意正心脩身以殀壽不貳脩身以俟爲知至仁盡聖人之事若鄙人之見則與朱子正相反矣夫盡心知性知天者生知安行聖人之事也存心養性事天者學知利行賢人之事也殀壽不貳脩身以俟者困知勉行學者之事也豈可專以盡心知性爲知存心養性爲行乎吾子驟聞此言必又以爲大駭矣然其閒實無可疑者一爲吾子言之夫心之體性也性之原天也能盡其心是能盡其

性矣中庸云惟天下至誠爲能盡其性又云知天地之化育質諸鬼神而無疑知天也此惟聖人而後能然故曰此生知安行聖人之事也存其心者未能盡其心者也故須加存之之功必存之既久不待於存而自無不存然後可以進而言盡蓋知天之知如知州知縣之知知州則一州之事皆己事也知縣則一縣之事皆己事也是與天爲一者也事天則如子之事父臣之事君猶與天爲二也天之所以命於我者心也性也吾但存之而不敢失養之而不敢害如父母全而生之子全而歸

之者也故曰此學知利行賢人之事也至於殀壽不貳則與存其心者又有閒矣存其心者雖未能盡其心固已一心於爲善時有不存則存之而已今使之殀壽不貳是猶以殀壽貳其心者也猶以殀壽貳其心是其爲善之心猶未能一也存之尚有所未可而何盡之可云乎今且使之不以殀壽貳其爲善之心若曰死生殀壽皆有定命吾但一心於爲善修吾之身以俟天命而已是其平日尚未知有天命也事天雖與天爲二然已眞知天命之所在但惟恭敬奉承之而已耳若俟之云者則尚未能眞知天命之所在猶有所俟者也故曰所以立命立者創立之立如立德立言立功立名之類凡言立者皆是昔未嘗有而本始建立之謂孔子所謂不知命無以爲君子者也故曰此困知勉行學者之事也今以盡心知性知天爲格物致知使初學之士尚未能不貳其心者而遽責之以聖人生知安行之事如捕風捉影茫然莫知所措其心幾何而不至於率天下而路也今世致知格物之弊亦居然可見矣吾子所謂務外遺內博而寡要者無乃亦是過歟此學問最緊要處於此

而差將無往而不差矣此鄙人之所以冒天下之非笑忘其身之陷於罪戮呶呶其言其不容已者也

來書云聞語學者乃謂卽物窮理之說亦是玩物喪志又取其厭繁就約涵養本原數說標示學者指爲晚年定論此亦恐非

朱子所謂格物云者在卽物而窮其理也卽物窮理是就事事物物上求其所謂定理者也是以吾心而求理於事事物物之中析心與理而爲二矣夫求理於事事物物者如求孝之理於其親之謂也求孝之理於其親

則孝之理其果在於吾之心邪抑果在於親之身邪假而果在於親之身則親沒之後吾心遂無孝之理歟見孺子之入井必有惻隱之理是惻隱之理果在於孺子之身歟抑在於吾心之良知歟其或不可以從之於井歟其或可以手而援之歟是皆所謂理也是果在於孺子之身歟抑果出於吾心之良知歟以是例之萬事萬物之理莫不皆然是可以知析心與理爲二之非矣夫析心與理而爲二此告子義外之說孟子之所深闢也務外遺內博而寡要吾子既已知之矣是果何謂而然

無疑則有思思卽學也卽行也又不能無疑則有辨辨卽學也卽行也辨既明矣思既慎矣問既審矣學既能矣又從而不息其功焉斯之謂篤行非謂學問思辨之後而始措之於行也是故以求能其事而言謂之學以求解其惑而言謂之問以求通其說而言謂之思以求精其察而言謂之辨以求履其實而言謂之行蓋析其功而言則有五合其事而言則一而已此區區心理合一之體知行並進之功所以異於後世之說者正在於是今吾子特舉學問思辨以窮天下之理而不及篤行

是專以學問思辨爲知而謂窮理爲無行也已天下豈有不行而學者邪豈有不行而遂可謂之窮理者邪明道云只窮理便盡性至命故必仁極仁而後謂之能窮仁之理義極義而後謂之能窮義之理仁極仁則盡仁之性矣義極義則盡義之性矣學至於窮理至矣而尚未措之於行天下寧有是邪是故知不行之不可以爲學則知不行之不可以爲窮理矣知不行之不可以爲窮理則知知行之合一並進而不可以分爲兩節事矣夫萬事萬物之理不外於吾心而必曰窮天下之理是

殆以吾心之良知爲未足而必外求於天下之廣以裨補增益之是猶析心與理而爲二也夫學問思辨篤行之功雖其困勉至於人一己百而擴充之極至於盡性知天亦不過致吾心之良知而已良知之外豈復有加於毫末乎今必曰窮天下之理而不知反求諸其心則凡所謂善惡之機眞妄之辨者舍吾心之良知亦將何所致其體察乎吾子所謂氣拘物蔽者拘此蔽此而已今欲去此之蔽不知致力於此而欲以外求是猶目之不明者不務服藥調理以治其目而徒倀倀然求明於

其外明豈可以自外而得哉任情恣意之害亦以不能精察天理於此心之良知而已此誠毫釐千里之謬者不容於不辨吾子毋謂其論之太刻也

來書云教人以致知明德而戒其即物窮理誠使昏闇之士深居端坐不聞教告遂能至於知致而德明乎縱令靜而有覺稍悟本性則亦定慧無用之見果能知古今達事變而致用於天下國家之實否乎其曰知者意之體物者意之用格物如格君心之非之格語雖超悟獨得不踵陳見抑恐於道未相脗合

區區論致知格物正所以窮理未嘗戒人窮理使之深居端坐而一無所事也若謂卽物窮理如前所云務外而遺內者則有所不可耳昏闇之士果能隨事隨物精察此心之天理以致其本然之良知則雖愚必明雖柔必强大本立而達道行九經之屬可一以貫之而無遺矣尚何患其無致用之實乎彼頑空虛靜之徒正惟不能隨事隨物精察此心之天理以致其本然之良知而遺棄倫理寂滅虛無以爲常是以要之不可以治家國天下孰謂聖人窮理盡性之學而亦有是弊哉心者身

之主也而心之虛靈明覺卽所謂本然之良知也其虛靈明覺之良知應感而動者謂之意有知而後有意無知則無意矣知非意之體乎意之所用必有其物物卽事也如意用於事親卽事親爲一物意用於治民卽治民爲一物意用於讀書卽讀書爲一物意用於聽訟卽聽訟爲一物凡意之所用無有無物者有是意卽有是物無是意卽無是物矣物非意之用乎格字之義有以至字訓者如格于文祖有苗來格是以至訓者也然格于文祖必純孝誠敬幽明之間無一不得其理而後謂

之格有苗之頑實以文德誕敷而後格則亦兼有正字之義在其間未可專以至字盡之也如格其非心大臣格君心之非之類是則一皆正其不正以歸於正之義而不可以至字爲訓矣且大學格物之訓又安知其不以正字爲訓而必以至字爲義乎如以至字爲義者必曰窮至事物之理而後其說始通是其用功之要全在一窮字用力之地全在一理字也若上去一窮下去一理字而直曰致知在至物其可通乎夫窮理盡性聖人之成訓見於繫辭者也苟格物之說而果卽窮理之義則聖人何不亶曰致知在窮理而必爲此轉折不完之語以啓後世之弊邪蓋大學格物之說自與繫辭窮理大旨雖同而微有分辨窮理者兼格致誠正而爲功也故言窮理則格致誠正之功皆在其中言格物則必兼舉致知誠意正心而後其功始備而密今偏舉格物而遂謂之窮理此所以專以窮理屬知而謂格物未嘗有行非惟不得格物之旨并窮理之義而失之矣此後世之學所以析知行爲先後兩截日以支離決裂而聖學益以殘晦者其端實始於此吾子蓋亦未免承沿積習

見則以爲於道未相脗合不爲過矣

來書云謂致知之功將如何爲温凊如何爲奉養卽是誠意非別有所謂格物此亦恐非

此乃吾子自以己意揣度鄙見而爲是說非鄙人之所以告吾子者矣若果如吾子之言寧復有可通乎蓋鄙人之見則謂意欲温凊意欲奉養者所謂意也而未可謂之誠意必實行其温凊奉養之意務求自慊而無自欺然後謂之誠意知如何而爲温凊之節知如何而爲奉養之宜者所謂知也而未可謂之致知必致其知如何爲温凊之節者之知而實以之温凊致其知如何爲奉養之宜者之知而實以之奉養然後謂之致知温凊之事奉養之事所謂物也而未可謂之格物必其於温凊之事也一一如其良知之所知當如何爲温凊之節者而爲之無一毫之不盡於奉養之事也一一如其良知之所知當如何爲奉養之宜者而爲之無一毫之不盡然後謂之格物温凊之物格然後知温凊之良知始致奉養之物格然後知奉養之良知始致故曰物格而後知至致其知温凊之良知而後温凊之意始誠致其知奉

養之良知而後奉養之意始誠故曰知至而後意誠此區區誠意致知格物之說蓋如此吾子更熟思之將亦無可疑者矣

來書云道之大端易於明白所謂良知良能愚夫愚婦可與及者至於節目時變之詳毫釐千里之繆必待學而後知今語孝於溫凊定省孰不知之至於舜之不告而娶武之不葬而興師養志養口小杖大杖割股廬墓等事處常處變過與不及之間必須討論是非以爲制事之本然後心體無蔽臨事無失

道之大端易於明白此語誠然顧後之學者忽其易於明白者而弗由而求其難於明白者以爲學此其所以道在邇而求諸遠事在易而求諸難也孟子云夫道若大路然豈難知哉人病不由耳良知良能愚夫愚婦與聖人同但惟聖人能致其良知而愚夫愚婦不能致此聖愚之所由分也節目時變聖人夫豈不知但不專以此爲學而其所謂學者正惟致其良知以精察此心之天理而與後世之學不同耳吾子未暇良知之致而汲汲焉顧是之憂此正求其難於明白者以爲學之弊也

夫良知之於節目時變猶規矩尺度之於方圓長短也節目時變之不可預定猶方圓長短之不可勝窮也故規矩誠立則不可欺以方圓而天下之方圓不可勝用矣尺度誠陳則不可欺以長短而天下之長短不可勝用矣良知誠致則不可欺以節目時變而天下之節目時變不可勝應矣毫釐千里之謬不於吾心良知一念之微而察之亦將何所用其學乎是不以規矩而欲定天下之方圓不以尺度而欲盡天下之長短吾見其乖張謬戾日勞而無成也已吾子謂語孝於溫凊定省孰

不知之然而能致其知者鮮矣若謂粗知溫凊定省之儀節而遂謂之能致其知則凡知君之當仁者皆可謂之能致其仁之知知臣之當忠者皆可謂之能致其忠之知則天下孰非致知者邪以是而言可以知致知之必在於行而不行之不可以爲致知也明矣知行合一之體不益較然矣乎夫舜之不告而娶豈舜之前已有不告而娶者爲之準則故舜得以考之何典問諸何人而爲此邪抑亦求諸其心一念之良知權輕重之宜不得已而爲此邪武之不葬而興師豈武之前已有不葬

而興師者爲之準則故武得以考之何典問諸何人而爲此邪抑亦求諸其心一念之良知權輕重之宜不得已而爲此邪使舜之心而非誠於爲無後武之心而非誠於爲救民則其不告而娶與不葬而興師乃不孝不忠之大者而後之人不務致其良知以精察義理於此心感應酬酢之間顧欲懸空討論此等變常之事執之以爲制事之本以求臨事之無失其亦遠矣其餘數端皆可類推則古人致知之學從可知矣

來書云謂大學格物之說專求本心猶可牽合至於

六經四書所載多聞多見前言往行好古敏求博學審問溫故知新博學詳說好問好察是皆明白求於事爲之際資於論說之間者用功節目固不容紊矣

格物之義前已詳悉牽合之疑想已不俟復解矣至於多聞多見乃孔子因子張之務外好高徒欲以多聞多見爲學而不能求諸其心以闕疑殆此其言行所以不免於尤悔而所謂見聞者適以資其務外好高而已蓋所以救子張多聞多見之病而非以是教之爲學也夫子嘗曰蓋有不知而作之者我無是也是猶孟子是非

之心人皆有之之義也此言正所以明德性之良知非由於聞見耳若曰多聞擇其善者而從之多見而識之則是專求諸見聞之末而已落在第二義矣故曰知之次也夫以見聞之知爲次則所謂知之上者果安所指乎是可以窺聖門致知用力之地矣夫子謂子貢曰賜也汝以予爲多學而識之者歟非也予一以貫之使誠在於多學而識則夫子胡乃謬爲是說以欺子貢者邪一以貫之非致其良知而何易曰君子多識前言往行以畜其德夫以畜其德爲心則凡多識前言往行者孰

非畜德之事此正知行合一之功矣好古敏求者好古人之學而敏求此心之理耳心即理也學者學此心也求者求此心也孟子云學問之道無他求其放心而已矣非若後世廣記博誦古人之言詞以爲好古而汲汲然惟以求功名利達之具於其外者也博學審問前言已盡溫故新知朱子亦以溫故屬之尊德性矣德性豈可以外求哉惟夫知新必由於溫故而溫故乃所以知新則亦可以驗知行之非兩節矣博學而詳說之者將以反說約也若無反約之云則博學詳說者果何事邪

舜之好問好察惟以用中而致其精一於道心耳道心者良知之謂也君子之學何嘗離去事爲而廢論說但其從事於事爲論說者要皆知行合一之功正所以致其本心之良知而非若世之徒事口耳談說以爲知者分知行爲兩事而果有節目先後之可言也

來書云楊墨之爲仁義鄉愿之辭忠信堯舜子之之禪讓湯武楚項之放伐周公莽操之攝輔謾無印正又焉適從且於古今事變禮樂名物未嘗考識使國家欲興明堂建辟雍制厤律草封禪又將何所致其

用乎故論語曰生而知之者義理耳若夫禮樂名物古今事變亦必待學而後有以驗其行事之實此則可謂定論矣

所喻楊墨鄉愿堯舜子之湯武楚項周公莽操之辨與前舜武之論大略可以類推古今事變之疑前於良知之說已有規矩尺度之喻當亦無俟多贅矣至於明堂辟雍諸事似尙未容於無言者然其說甚長姑就吾子之言而取正焉則吾子之惑將亦可以少釋矣夫明堂辟雍之制始見於呂氏之月令漢儒之訓疏六經四書

之中未嘗詳及也豈呂氏漢儒之知乃賢於三代之賢聖乎齊宣之時明堂尚有未毁則幽厲之世周之明堂皆無恙也堯舜茅茨土階明堂之制未必備而不害其爲治幽厲之明堂固猶文武成康之舊而無救於其亂何邪豈能以不忍人之心而行不忍人之政則雖茅茨土階固亦明堂也以幽厲之心而行幽厲之政則雖明堂亦暴政所自出之地邪武帝肇講於漢而武后盛作於唐其治亂何如邪天子之學曰辟雍諸侯之學曰泮宮皆象地形而爲之名耳然三代之學其要皆所以明

人倫非以辟不辟泮不泮爲重輕也孔子云人而不仁如禮何人而不仁如樂何制禮作樂必具中和之德聲爲律而身爲度者然後可以語此若夫器數之末樂工之事祝史之守故曾子曰君子所貴乎道者三籩豆之事則有司存也堯命羲和欽若昊天厯象日月星辰其重在於敬授人時也舜在璿璣玉衡其重在於以齊七政也是皆汲汲然以仁民之心而行其養民之政治厯明時之本固在於此也羲和厯數之學皐契未必能之也禹稷未必能之也堯舜之知而不徧物雖堯舜亦未

必能之也然至於今循義和之法而世修之雖曲知小慧之人星術淺陋之士亦能推步占候而無所忒則是後世曲知小慧之人反賢於禹稷堯舜者邪封禪之說尤爲不經是乃後世佞人諛士所以求媚於其上倡爲誇侈以蕩君心而靡國費蓋欺天罔人無恥之大者君子之所不道司馬相如之所以見譏於天下後世也吾子乃以是爲儒者所宜學殆亦未之思邪夫聖人之所以爲聖者以其生而知之也而釋論語者曰生而知之者義理耳若夫禮樂名物古今事變亦必待學而後有

以驗其行事之實夫禮樂名物之類果有關於作聖之功也而聖人亦必待學而後能知焉則是聖人亦不可以謂之生知矣謂聖人爲生知者專指義理而言而不以禮樂名物之類則是禮樂名物之類無關於作聖之功矣聖人之所以謂之生知者專指義理而不以禮樂名物之類則是學而知之者亦惟當學知此義理而已困而知之者亦惟當困知此義理而已今學者之學聖人於聖人之所能知者未能學而知之而顧汲汲焉求知聖人之所不能知者以爲學無乃失其所以希聖之

方歟凡此皆就吾子之所惑者而稍爲之分釋未及乎拔本塞源之論也夫拔本塞源之論不明於天下則天下之學聖人者將日繁日難斯人淪於禽獸夷狄而猶自以爲聖人之學吾之說雖或暫明於一時終將凍解於西而冰堅於東霧釋於前而雲滃於後呶呶焉危困以死而卒無救於天下之分毫也已夫聖人之心以天地萬物爲一體其視天下之人無外內遠近凡有血氣皆其昆弟赤子之親莫不欲安全而教養之以遂其萬物一體之念天下之人心其始亦非有異於聖人也特

其間於有我之私隔於物欲之蔽大者以小通者以塞人各有心至有視其父子兄弟如仇讎者聖人有憂之是以推其天地萬物一體之仁以教天下使之皆有以克其私去其蔽以復其心體之同然其教之大端則堯舜禹之相受受所謂道心惟微惟精惟一允執厥中而其節目則舜之命契所謂父子有親君臣有義夫婦有別長幼有序朋友有信五者而已唐虞三代之世教者惟以此爲教而學者惟以此爲學當是之時人無異見家無異習安此者謂之聖勉此者謂之賢而背此者雖

其啟明如朱亦謂之不肖下至閭井田野農工商賈之賤莫不皆有是學而惟以成其德行爲務何者無有聞見之雜記誦之煩辭章之靡濫功利之馳逐而但使之孝其親弟其長信其朋友以復其心體之同然是蓋性分之所固有而非有假於外者則人亦孰不能之乎學校之中惟以成德爲事而才能之異或有長於禮樂長於政教長於水土播植者則就其成德而因使益精其能於學校之中迨夫舉德而任則使之終身居其職而不易用之者惟知同心一德以共安天下之民視才之

稱否而不以崇卑爲輕重勞逸爲美惡效用者亦惟知同心一德以共安天下之民苟當其能則終身處於煩劇而不以爲勞安於卑瑣而不以爲賤當是之時天下之人熙熙皡皡皆相視如一家之親其才質之下者則安其農工商賈之分各勤其業以相生相養而無有乎希高慕外之心其才能之異若臯夔稷契者則出而各效其能若一家之務或營其衣食或通其有無或備其器用集謀并力以求遂其仰事俯育之願惟恐當其事者之或怠而重己之累也故稷勤其稼而不恥其不知

教視契之善教卽己之善教也夔司其樂而不恥於不明禮視夷之通禮卽己之通禮也蓋其心學純明而有以全其萬物一體之仁故其精神流貫志氣通達而無有乎人己之分物我之閒譬之一人之身目視耳聽手持足行以濟一身之用目不恥其無聰而耳之所涉目必營焉足不恥其無執而手之所探足必前焉蓋其元氣充周血脈條暢是以痒痾呼吸感觸神應有不言而喻之妙此聖人之學所以至易至簡易知易從學易能而才易成者正以大端惟在復心體之同然而知識技

能非所與論也三代之衰王道熄而霸術焻孔孟既沒聖學晦而邪說橫教者不復以此爲教而學者不復以此爲學霸者之徒竊取先王之近似者假之於外以內濟其私己之欲天下靡然而宗之聖人之道遂以蕪塞相倣相效日求所以富强之說傾詐之謀攻伐之計一切欺天罔人苟一時之得以獵取聲利之術若管商蘇張之屬者至不可名數既其久也鬬爭劫奪不勝其禍斯人淪於禽獸夷狄而霸術亦有所不能行矣世之儒者慨然悲傷蒐獵先聖王之典章法制而掇拾修補於

煨燼之餘蓋其爲心亦欲以挽回先王之道聖學既
遠霸術之傳積漬已深雖在賢知皆不免於習染其所
以講明修飾以求宣暢光復於世者僅足以增霸者之
藩籬而聖學之門牆遂不復可覩於是乎有訓詁之學
而傳之以爲名有記誦之學而言之以爲博有詞章之
學而侈之以爲麗若是者紛紛籍籍羣起角立於天下
又不知其幾家萬徑千蹊莫知所適世之學者如入百
戲之場讙謔跳踉騁奇鬬巧獻笑爭妍者四面而競出
前瞻後盼應接不遑而耳目眩瞀精神恍惑日夜遨遊

淹息其間如病狂喪心之人莫自知其家業之所歸時
君世主亦皆昏迷顛倒於其說而終身從事於無用之
虛文莫自知其所謂間有覺其空疏謬妄支離牽滯而
卓然自奮欲以見諸行事之實者極其所抵亦不過爲
富强功利五霸之事業而止聖人之學日遠日晦而功
利之習愈趨愈下其間雖嘗瞽惑於佛老而佛老之說
卒亦未能有以勝其功利之心雖又嘗折衷於羣儒而
羣儒之論終亦未能有以破其功利之見蓋至於今功
利之毒淪浹於人之心髓而習以成性也幾千年矣相

矜以知相軋以勢相爭以利相高以技能相取以聲譽其出而仕也理錢穀者則欲兼夫兵刑典禮樂者又欲與於銓軸處郡縣則思藩臬之高居臺諫則望宰執之要故不能其事則不得以兼其官不通其說則不可以要其譽記誦之廣適以長其敖也知識之多適以行其惡也聞見之博適以肆其辨也辭章之富適以飾其僞也是以皐夔稷契所不能兼之事而今之初學小生皆欲通其說究其術其稱名僭號未嘗不曰吾欲以共成天下之務而其誠心實意之所在以爲不如是則無以

濟其私而滿其欲也嗚呼以若是之積染以若是之心志而又講之以若是之學術宜其聞吾聖人之教而視之以爲贅疣枘鑿則其以良知爲未足而謂聖人之學爲無所用亦其勢有所必至矣嗚呼士生斯世而尙何以求聖人之學乎尙何以論聖人之學乎士生斯世而欲以爲學者不亦勞苦而繁難乎不亦拘滯而險艱乎嗚呼可悲也已所幸天理之在人心終有所不可泯而良知之明萬古一日則其聞吾拔本塞源之論必有惻然而悲戚然而痛憤然而起沛然若決江河而有所不

可禦者矣非夫豪傑之士無所待而興起者吾誰與望乎

啟問道通書

吳曾兩生至備道道通懇切為道之意殊慰相念若道通真可謂篤信好學者矣憂病中會不能與兩生細論然兩生亦自有志向肯用功者每見輒覺有進在區區誠不能無負於兩生之遠來在兩生則亦庶幾無負其遠來之意矣臨別以此冊致道通意請書數語荒憒無可言者輒以道通來書中所問數節略下轉語奉酬草早殊不詳細兩生當亦自能口悉也

來書云日用工夫只是立志近來於先生誨言時時體驗愈益明白然於朋友不能一時相離若得朋友講習則此志纔精健闊大纔有生意若三五日不得朋友相講便覺微弱遇事便會困亦時會忘乃今無朋友相講之日還只靜坐或看書或遊衍經行凡寓目措身悉取以培養此志頗覺意思和適然終不如朋友講聚精神流動生意更多也離群索居之人當更有何法以處之

此段足驗道通日用工夫所得工夫大略亦只是如此用只要無間斷到得純熟後意思又自不同矣大抵吾人爲學緊要大頭腦只是立志所謂困忘之病亦只是志欠眞切今好色之人未嘗病於困忘只是一眞切耳自家痛痒自家須會知得自家須會搔摩得旣自知得痛痒自家須不能不搔摩得佛家謂之方便法門須是自家調停斟酌他人總難與力亦更無別法可設也

來書云上蔡嘗問天下何思何慮伊川云有此理只是發得太早在學者工夫固是必有事焉而勿忘然亦須識得何思何慮底氣象一併看爲是若不識得這氣象便有正與助長之病若認得何思何慮而忘必有事焉工夫恐又墮於無也須是不滯於有不墮於無然乎否也

所論亦相去不遠矣只是契悟未盡上蔡之問與伊川之答亦只是上蔡伊川之意與孔子繫辭原旨稍有不同繫言何思何慮是言所思所慮只是一箇天理更無別思別慮耳非謂無思無慮也故曰同歸而殊途一致而百慮天下何思何慮云殊途云百慮則豈謂無思無

慮邪心之本體卽是天理天理只是一箇更有何可思慮得天理原自寂然不動原自感而遂通學者用功雖千思萬慮只是要復他本來體用而已不是以私意去安排思索出來故明道云君子之學莫若廓然而大公物來而順應若以私意去安排思索便是用智自私矣何思何慮正是工夫在聖人分上便是自然的在學者分上便是勉然的伊川卻是把作效驗看了所以有發得太早之說旣而云卻好用功則已自覺其前言之有未盡矣濂溪主靜之論亦是此意今道通之言雖已不

爲無見然亦未免尙有兩事也

來書云凡學者纔曉得做工夫便要識認得聖人氣象蓋認得聖人氣象把做準的乃就實地做工夫去纔不會差纔是作聖工夫未知是否

先認聖人氣象昔人嘗有是言矣然亦欠有頭腦聖人氣象自是聖人的我從何處識認若不就自己良知上眞切體認如以無星之稱而權輕重未開之鏡而照妍媸眞所謂以小人之腹而度君子之心矣聖人氣象何由認得自己良知原與聖人一般若體認得自己良知

明白卽聖人氣象不在聖人而在我矣程子嘗云覷著堯學他行事無他許多聰明睿智安能如彼之動容周旋中禮又云心通於道然後能辨是非今且說通於道在何處聰明睿智從何處出來

來書云事上磨煉一日之內不管有事無事只一意培養本原若遇事來感或自己有感心上旣有覺安可謂無事但因事凝心一會大段覺得事理當如此只如無事處之盡吾心而已然乃有處得善與未善何也又或事來得多須要次第與處每因才力不足

輒爲所困雖極力扶起而精神已覺衰弱遇此未免要十分退省寧不了事不可不加培養如何

所說工夫就道通分上也只是如此用然未免有出入在凡人爲學終身只爲這一事自少至老自朝至暮不論有事無事只是做得這一件所謂必有事焉者也若說寧不了事不可不加培養卻是尚爲兩事也必有事焉而勿忘勿助事物之來但盡吾心之良知以應之所謂忠恕違道不遠矣凡處得有善有未善及有困頓失次之患者皆是牽於毀譽得喪不能實致其良知耳若

能實致其良知然後見得平日所謂善者未必是善所謂未善者卻恐正是牽於毀譽得喪自賊其良知者也

來書云致知之說春間再承誨益已頗知用力覺得比舊尤爲簡易但鄙心則謂與初學言之還須帶格物意思使之知下手處本來致知格物一併下但在初學未知下手用功還說與格物方曉得致知云云

格物是致知工夫知得致知便已知得格物若是未知格物則是致知工夫亦未嘗知也近有一書與友人論此頗悉今往一通細觀之當自見矣

來書云今之爲朱陸之辨者尚未已每對朋友言正學不明已久且不須枉費心力爲朱陸爭是非只依先生立志二字點化人若其人果能辨得此志來決意要知此學已是大段明白了朱陸雖不辨彼自能覺得又嘗見朋友中見有人議先生之言者輒爲動氣

昔在朱陸二先生所以遺後世紛紛之議者亦見二先生工夫有未純熟分明亦有動氣之病若明道則無此矣觀其與吳涉禮論介甫之學云爲我盡達諸介甫不有益於他必有益於我也氣象何等從容

嘗見先生與人書中亦引此言願朋友皆如此如何

此節議論得極是極是願道通遍以告於同志各自且論自己是非莫論朱陸是非也以言語謗人其謗淺若自己不能身體實踐而徒入耳出口呶呶度日是以身謗也其謗深矣凡今天下之論議我者苟能取以爲善皆是砥礪切磋我也則在我無非警惕修省進德之地矣昔人謂攻吾之短者是吾師師又可惡乎

來書云有引程子人生而靜以上不容說才說性便已不是性何故不容說何故不是性晦庵答云不容說者未有性之可言不是性者已不能無氣質之雜矣二先生之言皆未能曉每看書至此輒爲一惑請問

生之謂性生字卽是氣字猶言氣卽是性也氣卽是性人生而靜以上不容說才說氣卽是性卽已落在一邊不是性之本原矣孟子性善是從本原上說然性善之端須在氣上始見得若無氣亦無可見矣惻隱羞惡辭讓是非卽是氣程子謂論性不論氣不備論氣不論性不明亦是爲學者各認一邊只得如此說若見得自性

明白時氣卽是性性卽是氣原無性氣之可分也

答陸原靜書

來書云下手工夫覺此心無時寧靜妄心固動也照心亦動也心既恆動則無刻暫停也

是有意於求寧靜是以愈不寧靜耳夫妄心則動也照心非動也恆照則恆動恆靜天地之所以恆久而不已也照心固照也妄心亦照也其爲物不貳則其生物不息有刻暫停則息矣非至誠無息之學矣

來書云良知亦有起處云云

此或聽之未審良知者心之本體卽前所謂恆照者也心之本體無起無不起雖妄念之發而良知未嘗不在但人不知存則有時而或放耳雖昏塞之極而良知未嘗不明但人不知察則有時而或蔽耳雖有時而或放其體實未嘗不在也存之而已耳雖有時而或蔽其體實未嘗不明也察之而已耳若謂良知亦有起處則是有時而不在也非其本體之謂矣

精一之精以理言精神之精以氣言理者氣之條理氣者理之運用無條理則不能運用無運用則亦無以見

其所謂條理者矣精則精精則明明則一精則神精則誠一則精一則明一則神一則誠原非有二事也但後世儒者之說與養生之說各滯於一偏是以不相爲用前日精一之論雖爲原靜愛養精神而發然而作聖之功實亦不外是矣

來書云元神元氣元精必各有寄藏發生之處又有眞陰之精眞陽之氣云云

夫良知一也以其妙用而言謂之神以其流行而言謂之氣以其凝聚而言謂之精安可以形象方所求哉眞陰之精卽眞陽之氣之母眞陽之氣卽眞陰之精之父

陰根陽陽根陰亦非有二也苟吾良知之說明則凡若此類皆可以不言而喻不然則如來書所云三關七返九還之屬尙有無窮可疑者也

又

來書云良知心之本體卽所謂性善也未發之中也寂然不動之體也廓然大公也何常人皆不能而必待於學邪中也寂也公也旣以屬心之體則良知是矣今驗之於心知無不良而中寂大公實未有也豈

良知復超然於體用之外乎

性無不善故知無不良良知卽是未發之中卽是廓然大公寂然不動之本體人人之所同具者也但不能不昏蔽於物欲故須學以去其昏蔽然於良知之本體初不能有加損於毫末也知無不良而中寂大公未能全者是昏蔽之未盡去而存之未純耳體卽良知之體用卽良知之用寧復有超然於體用之外者乎

來書云周子曰主靜程子曰動亦定靜亦定先生曰定者心之本體是靜定也決非不覩不聞無思無爲之謂必常知常存常主於理之謂也夫常知常存常主於理明是動也已發也何以謂之靜何以謂之本體豈是靜定也又有以貫乎心之動靜者邪

理無動者也常知常存常主於理卽不覩不聞無思無爲之謂也不覩不聞無思無爲非槁木死灰之謂也覩聞思爲一於理而未嘗有所覩聞思爲卽是動而未嘗動也所謂動亦定靜亦定體用一原者也

來書云此心未發之體其在已發之前乎其在已發之中而爲之主乎其無前後內外而渾然之體者乎

今謂心之動靜者其主有事無事而言乎其主寂然感通而言乎其主循理從欲而言乎若以循理爲靜從欲爲動則於所謂動中有靜靜中有動動極而靜靜極而動者不可通矣若以有事而感通爲動無事而寂然爲靜則於所謂動而無動靜而無靜者不可通矣若謂未發在已發之先靜而生動是至誠有息也聖人有復也又不可矣若謂未發在已發之中則不知未發已發俱當主靜乎抑未發爲靜而已發爲動乎抑未發已發俱無動無靜乎俱有動有靜乎幸教

未發之中卽良知也無前後內外而渾然一體者也有事無事可以言動靜而良知無分於有事無事也寂然感通可以言動靜而良知無分於寂然感通也動靜者所遇之時心之本體固無分於動靜也理無動者也動卽爲欲循理則雖酬酢萬變而未嘗動也從欲則雖槁心一念而未嘗靜也動中有靜靜中有動又何疑乎有事而感通固可以言動然而寂然者未嘗有增也無事而寂然固可以言靜然而感通者未嘗有減也動而無

動靜而無靜又何疑乎無前後內外而渾然一體則至
誠有息之疑不待解矣未發在已發之中而已發之中
未嘗別有未發者在已發在未發之中而未發之中未
嘗別有已發者存是未嘗無動靜而不可以動靜分者
也凡觀古人言語在以意逆志而得其大旨若必拘滯
於文義則靡有孑遺者是周果無遺民也周子靜極而
動之說苟不善觀亦未免有病蓋其意從太極動而生
陽靜而生陰說來太極生生之理妙用無息而常體不
易太極之生生即陰陽之生生就其生生之中指其妙

用無息者而謂之動謂之陽之生非謂動而後生陽也
就其生生之中指其常體不易者而謂之靜謂之陰之
生非謂靜而後生陰也若果靜而後生陰動而後生陽
則是陰陽動靜截然各自為一物矣陰陽一氣也一氣
屈伸而為陰陽動靜一理也一理隱顯而為動靜春夏
可以為陽為動而未嘗無陰與靜也秋冬可以為陰為
靜而未嘗無陽與動也春夏此不息秋冬此不息皆可
謂之陽謂之動也春夏此常體秋冬此常體皆可謂之
陰謂之靜也自元會運世歲月日時以至刻杪忽微莫

不皆然所謂動靜無端陰陽無始在知道者默而識之非可以言語窮也若只牽文泥句比擬倣像則所謂心從法華轉非是轉法華矣

來書云嘗試於心喜怒憂懼之感發也雖動氣之極而吾心良知一覺即罔然消阻或遏於初或制於中或悔於後然則良知常若居優閒無事之地而為之主於喜怒憂懼若不與焉者何歟

知此則知未發之中寂然不動之體而有發而中節之和感而遂通之妙矣然謂良知常若居於優閒無事之地語尚有病蓋良知雖不滯於喜怒憂懼而喜怒憂懼

亦不外於良知也

來書云夫以昨以良知為照心竊謂良知心之本體也照心人所用功乃戒慎恐懼之心也猶思也而遂以戒慎恐懼為良知何歟

能戒慎恐懼者是良知也

來書云先生又曰照心非動也豈以其循理而謂之靜歟妄心亦照也豈以其良知未嘗不在於其中未嘗不明於其中而視聽言動之不過則者皆天理歟

且既曰妄心則在妄心可謂之照而在照心則謂之妄矣妄與息何異今假妄之照以續至誠之無息竊所未明幸再啟蒙

照心非動者以其發於本體明覺之自然而未嘗有所動也有所動卽妄矣妄心亦照者以其本體明覺之自然者未嘗不在於其中但有所動耳無所動卽照矣無妄無照非以妄為照以照為妄也照心為照妄心為妄是猶有妄有照也有妄有照則猶貳也貳則息矣無妄無照則不貳不貳則不息矣

來書云養生以清心寡欲為要夫清心寡欲作聖之功畢矣然欲寡則心自清清心非舍棄人事而獨居求靜之謂也蓋欲使此心純乎天理而無一毫人欲之私耳今欲為此之功而隨人欲生而克之則病根常在未免滅於東而生於西若欲刋剔洗蕩於衆欲未萌之先則又無所用其力徒使此心之不清且欲未萌而搜剔以求去之是猶引犬上堂而逐之也愈不可矣

必欲此心純乎天理而無一毫人欲之私此作聖之功

也必欲此心純乎天理而無一毫人欲之私非防於未萌之先而克於方萌之際不能也防於未萌之先而克於方萌之際此正中庸戒慎恐懼大學致知格物之功舍此之外無別功矣夫謂滅於東而生於西引犬上堂而逐之者是自私自利將迎意必之爲累而非克治洗蕩之爲患也今曰養生以清心寡欲爲要只養生二字便是自私自利將迎意必之根有此病根潛伏於中宜其有滅於東而生於西引犬上堂而逐之之患也

來書云佛氏於不思善不思惡時認本來面目於吾

儒隨物而格之功不同吾若於不思善不思惡時用致知之功則已涉於思善矣欲善惡不思而心之良知清靜自在惟有寐而方醒之時耳斯正孟子夜氣之說但於斯光景不能久倏忽之際思慮已生不知用功久者其常寐初醒而思未起之時否乎今澄欲求甯靜愈不甯靜欲念無生則念愈生如之何而能使此心前念易滅後念不生良知獨顯而與造物者遊乎

不思善不思惡時認本來面目此佛氏爲未識本來面

目者設此方便本來面目卽吾聖門所謂良知今旣認得良知明白卽已不消如此說矣隨物而格是致知之功卽佛氏之常惺惺亦是常存他本來面目耳體段工夫大略相似但佛氏有箇自私自利之心所以便有不同耳今欲善惡不思而心之良知清靜自在此便有自私自利將迎意必之心所以有不思善不思惡時用致知之功則已涉於思善之患孟子說夜氣亦只是爲失其良心之人指出箇良心萌動處使他從此培養將去今已知得良知明白常用致知之功卽已不消說夜氣

却是得兔後不知守兔而仍去守株兔將復失之矣欲求寧靜欲念無生此正是自私自利將迎意必之病是以念愈生而愈不寧靜良知只是一箇良知而善惡自辨更有何善何惡可思良知之體本自寧靜今却又添一箇求寧靜本自生生今却又添一箇欲無生非獨聖門致知之功不如此雖佛氏之學亦未如此將迎意必也只是一念良知徹頭徹尾無始無終卽是前念不滅後念不生今却欲前念易滅而後念不生是佛氏所謂斷滅種性入於槁木死灰之謂矣

來書云佛氏又有常提念頭之說其猶孟子所謂必有事夫子所謂致良知之說乎其卽常惺惺常記得常知得常存得者乎於此念頭提在之時而事至物來應之必有其道但恐此念頭提起時少放下時多則工夫間斷耳且念頭放失多因私欲客氣之動而始忽然驚醒而後提其放而未提之間心之昏雜多不自覺今欲日精日明常提不放以何道乎只此常提不放卽全功乎抑於常提不放之中更宜加省克之功乎雖曰常提不放而不加戒懼克治之功恐私欲不去若加戒懼克治之功焉又為思善之事而於本來面目又未達一間也如之何則可

戒懼克治卽是常提不放之功卽是必有事焉豈有兩事邪此節所問前一段已自說得分曉末後卻是自生迷惑說得支離及有本來面目未達一間之疑都是自私自利將迎意必之為病去此病自無此疑矣

來書云質美者明得盡查滓便渾化如何謂明得盡如何而能更渾化

良知本來自明氣質不美者查滓多障蔽厚不易開明

質美者查滓原少無多障蔽略加致知之功此良知便自瑩徹些少查滓如湯中浮雪如何能作障蔽此本不甚難曉原靜所以致疑於此想是因一明字不明白亦是稍有欲速之心向曾面論明善之義明則誠矣非若後儒所謂明善之淺也

來書云聰明睿知果質乎仁義禮智果性乎喜怒哀樂果情乎私欲客氣果一物乎二物乎古之英才若子房仲舒叔度孔明文仲韓范諸公德業表著皆良知中所發也而不得謂之聞道者果何在乎苟曰此

特生質之美耳則生知安行者不愈於學知困勉者乎愚意竊云謂諸公見道偏則可謂全無聞則恐後儒崇尚記誦訓詁之過也然乎否乎

性一而已仁義禮知性之性也聰明睿知性之質也喜怒哀樂性之情也私欲客氣性之蔽也質有清濁故情有過不及而蔽有淺深也私欲客氣一病兩痛非二物也張黄諸葛及韓范諸公皆天質之美自多暗合道妙雖未可盡謂之知學盡謂之聞道然亦自其有學違道不遠者也使其聞學知道即伊傅周召矣若文中子則

又不可謂之不知學者其書雖多出於其徒亦多有未
是處然其大略則亦居然可見但今相去遼遠無有的
然憑證不可懸斷其所至矣夫良知卽是道良知之在
人心不但聖賢雖常人亦無不如此若無有物欲牽蔽
但循著良知發用流行將去卽無不是道但在常人多
爲物欲牽蔽不能循得良知如數公者天質旣自淸明
自少物欲爲之牽蔽則其良知之發用流行處自然是
多自然違道不遠學者學循此良知而已謂之知學只
是知得專在學循良知數公雖未知專在良知上用功

而或泛濫於多岐疑迷於影響是以或離或合而未純
若知得時便是聖人矣後儒嘗以數子者尚皆是氣質
用事未免於行不著習不察此亦未爲過論但後儒之
所謂著察者亦是狃於聞見之狹蔽於沿習之非而依
擬倣象於影響形迹之閒尚非聖門之所謂著察者也
則亦安得以己之昏昏而求人之昭昭也乎所謂生知
安行知行二字亦是就用功上說若是知行本體卽是
良知良能雖在困勉之人亦皆可謂之生知安行矣知
行二字更宜精察

來書云昔周茂叔每令伯淳尋仲尼顏子樂處敢問是樂也與七情之樂同乎否乎若同則常人之一遂所欲皆能樂矣何必聖賢若別有眞樂則聖賢之遇大憂大怒大驚大懼之事此樂亦在否乎且君子之心常存戒懼是蓋終身之憂也惡得樂澄平生多悶未嘗見眞樂之趣今切願尋之

樂是心之本體雖不同於七情之樂而亦不外於七情之樂雖則聖賢別有眞樂而亦常人之所同有但常人有之而不自知反自求許多憂苦自加迷棄雖在憂苦

迷棄之中而此樂又未嘗不存但一念開明反身而誠則即此而在矣每與原靜論無非此意而原靜尚有何道可得之問是猶未免於騎驢覓驢之蔽也

來書云大學以心有好樂忿懥憂患恐懼爲不得其正而程子亦謂聖人情順萬事而無情所謂有者傳習錄中以病瘧譬之極精切矣若程子之言則是聖人之情不生於心而生於物也何謂耶且事感而情應則是是非非可以就格事或未感時謂之有則未形也謂之無則病根在有無之間何以致吾知乎學

務無情累雖輕而出儒入佛矣可乎

聖人致知之功至誠無息其良知之體皦如明鏡略無纖翳妍媸之來隨物見形而明鏡曾無留染所謂情順萬事而無情也無所住而生其心佛氏曾有是言未爲非也明鏡之應物妍者妍媸者媸一照而皆真即是生其心處妍者妍媸者媸一過而不留即是無所住處病瘧之喻既已見其精切則此節所問可以釋然病瘧之人瘧雖未發而病根自在則亦安可以其瘧之未發而遂忘其服藥調理之功乎若必待瘧發而後服藥調理則既晚矣致知之功無間於有事無事而豈論於病之已發未發邪大抵原靜所疑前後雖若不一然皆起於自私自利將迎意必之爲祟此根一去則前後所疑自將冰消霧釋有不待於問辨者矣

答原靜書出讀者皆喜澄善問師善答皆得聞所未聞師曰原靜所問只是知解上轉不得已與之逐節分疏若信得良知只在良知上用工雖千經萬典無不脗合異端曲學一勘盡破矣何必如此節節分解佛家有撲人逐塊之喻見塊撲人則得人矣見塊逐

塊於塊塊奚得哉在座諸友聞之惕然皆有惺悟此學貴反求非知解可入也

答歐陽崇一

崇一來書云師云德性之良知非由於聞見若曰多聞擇其善者而從之多見而識之則是專求之見聞之末而已落在第二義竊意良知雖不由見聞而有然學者之知未嘗不由見聞而發滯於見聞固非而見聞亦良知之用也今曰落在第二義恐爲專以見聞爲學者而言若致其良知而求之見聞似亦知行

合一之功矣如何

良知不由見聞而有而見聞莫非良知之用故良知不滯於見聞而亦不離於見聞孔子云吾有知乎哉無知也良知之外別無知矣故致良知是學問大頭腦是聖人教人第一義今云專求之見聞之末則是失卻頭腦而已落在第二義矣近時同志中蓋已莫不知有致良知之說然其功夫尚多鶻突者正是欠此一問大抵學問功夫只要主意頭腦是當若主意頭腦專以致良知爲事則凡多聞多見莫非致良知之功蓋日用之間見

聞疇酢雖千頭萬緒莫非良知之發用流行除卻見聞疇酢亦無良知可致矣故只是一事若曰致其良知而求之見聞則語意之間未免爲二此與專求之見聞之末者雖稍不同其爲未得精一之旨則一而已多聞擇其善者而從之多見而識之既云擇又云識其良知亦未嘗不行於其間但其用意乃專在多聞多見上去擇識則已失卻頭腦矣崇一於此等處見得當已分曉今日之問正爲發明此學於同志中極有益但語意未瑩則毫釐千里亦不容不精察之也

來書云師云繫言何思何慮是言所思所慮只是天理更無別思別慮耳非謂無思無慮也心之本體即是天理有何可思慮得學者用功雖千思萬慮只是要復他本體不是以私意去安排思索出來若安排思索便是自私用智矣學者之敝大率非沈空守寂則安排思索德辛壬之歲著前一病近又著後一病但思索亦是良知發用其與私意安排者何所取別恐認賊作子惑而不知也

思曰睿睿作聖心之官則思思則得之思其可少乎沈

空守寂與安排思索正是自私用智其為喪失良知一也良知是天理之昭明靈覺處故良知即是天理思是良知之發用若是良知發用之思則所思莫非天理矣良知發用之思自然明白簡易良知亦自能知得若是私意安排之思自是紛紜勞擾良知亦自會分別得蓋思之是非邪正良知無有不自知者所以認賊作子正為致知之學不明不知在良知上體認之耳

來書又云師云為學終身只是一事不論有事無事只是這一件若說寧不了事不可不加培養卻是分為兩事也竊意覺精力衰弱不足以終事者良知也

寧不了事且加休養致知也如何卻為兩事若事變之來有事勢不容不了而精力雖衰稍鼓舞亦能支持則持志以帥氣可矣然言動終無氣力畢事則困憊已甚不幾於暴其氣已乎此其輕重緩急良知固未嘗不知然或迫於事勢安能顧精力或困於精力安能顧事勢如之何則可

寧不了事不可不加培養之意且與初學如此說亦不為無益但作兩事看了便有病痛在孟子言必有事焉

則君子之學終身只是集義一事義者宜也心得其宜之謂義能致良知則心得其宜矣故集義亦只是致良知君子之酬酢萬變當行則行當止則止當生則生當死則死斟酌調停無非是致其良知以求自慊而已故君子素其位而行思不出其位凡謀其力之所不及而強其知之所不能者皆不得為致良知而凡勞其筋骨餓其體膚空乏其身行拂亂其所為動心忍性以增益其所不能者皆所以致其良知也若云甯不了事不可不加培養者亦是先有功利之心較計成敗利鈍而愛

憎取舍於其間是以將了事自作一事而培養又別作一事此便有是內非外之意便是自私用智便是義外便有不得於心勿求於氣之病便不是致良知以求自慊之功矣所云鼓舞支持畢事則困憊已甚又云迫於事勢困於精力皆是把作兩事做了所以有此凡學問之功一則誠二則偽凡此皆是致良知之意欠誠一眞切之故大學言誠其意者如惡惡臭如好好色此之謂自慊曾見有惡惡臭好好色而須鼓舞支持者乎曾見畢事則困憊已甚者乎曾有迫於事勢困於精力者乎

此可以知其受病之所從來矣

來書又有云人情機詐百出御之以不疑往往爲所欺覺則自入於逆億夫逆詐卽詐也億不信卽非信也爲人欺又非覺也不逆不億而常先覺其惟良知瑩徹乎然而出入毫忽之間背覺合詐者多矣

不逆不億而先覺此孔子因當時人專以逆詐億不信爲心而自陷於詐與不信又有不逆不億者然不知致良知之功而往往又爲人所欺詐故有是言非教人以是存心而專欲先覺人之詐與不信也以是存心卽是

後世猜忌險薄者之事而只此一念已不可與入堯舜之道矣不逆不億而爲人所欺者尚亦不失爲善但不如能致其良知而自然先覺者之尤爲賢耳崇一謂其惟良知瑩徹者蓋已得其旨矣然亦穎悟所及恐未實際也蓋良知之在人心亘萬古塞宇宙而無不同不慮而知恒易以知險不學而能恒簡以知阻先天而天不違天且不違而況於人乎況於鬼神乎夫謂背覺合詐者是雖不逆人而或未能無自欺也雖不億人而或未能果自信也是或常有求先覺之心而未能常自覺也

常有求先覺之心即已流於逆億而足以自蔽其良知矣此背覺合詐之所以未免也君子學以為己未嘗虞人之欺己也恆不自欺其良知而已未嘗虞人之不信己也恆自信其良知而已未嘗求先覺人之詐與不信也恆務自覺其良知而已是故不欺則良知無所僞而誠誠則明矣自信則良知無所惑而明明則誠矣明誠相生是故良知常覺常照常覺常照則如明鏡之懸而物之來者自不能遁其妍媸矣何者不欺而誠則無所容其欺苟有欺焉而覺矣自信而明則無所容其不信苟不信焉而覺矣是謂易以知險簡以知阻子思所謂至誠如神可以前知者也然子思謂如神謂可以前知猶二而言之是蓋推言思誠者之功效是猶為不能先覺者說也若就至誠而言則至誠之妙用即謂之神不必言如神至誠則無知而無不知不必言可以前知矣

答羅整菴少宰書

某頓首啓昨承教及大學發舟匆匆未能奉答曉來江行稍暇復取手教而讀之恐至贛後人事復紛沓先具其略以請來教云見道固難而體道尤難道誠未易明

而學誠不可不講恐未可安於所見而遂以爲極則也
幸甚幸甚何以得聞斯言乎其敢自以爲極則而安之
乎正思就天下之有道以講明之耳而數年以來聞其
說而非笑之者有矣詬訾之者有矣置之不足較量辨
議之者有矣其肯遂以教我乎其肯遂以教我而反覆
曉諭惻然惟恐不及救正之乎然則天下之愛我者固
莫有如執事之心深且至矣感激當何如哉夫德之不
修學之不講孔子以爲憂而世之學者稍能傳習訓詁
卽皆自以爲知學不復有所謂講學之求可悲矣夫道

必體而後見非已見道而後加體道之功也道必學而
後明非外講學而復有所謂明道之事也然世之講學
者有二有講之以身心者有講之以口耳者講之以口
耳揣摸測度求之影響者也講之以身心行著習察實
有諸己者也知此則知孔門之學矣來教謂某大學古
本之復以人之爲學但當求之於內而程朱格物之說
不免求之於外遂去朱子之分章而削其所補之傳非
敢然也學豈有內外乎大學古本乃孔門相傳舊本耳
朱子疑其有所脫誤而改正補緝之在某則謂其本無

脫誤悉從其舊而已矣失在於過信孔子則有之非故去朱子之分章而削其傳也夫學貴得之心求之於心而非也雖其言之出於孔子不敢以為是也而況其未及孔子者乎求之於心而是也雖其言之出於庸常不敢以為非也而況其出於孔子者乎且舊本之傳數千載矣今讀其文詞既明白而可通論其工夫又易簡而可入亦何所按據而斷其此段之必在於彼彼段之必在於此與此之如何而缺彼之如何而補而遂改正補緝之無乃重於背朱而輕於叛孔巳乎來教謂如必以

學不資於外求但當反觀內省以為務則正心誠意四字亦何不盡之有何必於入門之際便困以格物一段工夫也誠然誠然若語其要則脩身二字亦足矣何必又言正心正心二字亦足矣何必又言誠意誠意二字亦足矣何必又言致知又言格物惟其工夫之詳密而要之只是一事此所以為精一之學此正不可不思者也夫理無內外性無內外故學無內外講習討論未嘗非內也反觀內省未嘗遺外也夫謂學必資於外求是以己性為有外也是義外也用智者也謂反觀內省為

求之於內是以己性爲有內也是有我也自私者也是皆不知性之無內外也故曰精義入神以致用也利用安身以崇德也性之德也合內外之道也此可以知格物之學矣格物者大學之實下手處徹首徹尾自始學至聖人只此工夫而已非但入門之際有此一段也夫正心誠意致知格物皆所以脩身而格物者其所用力日可見之地故格物者格其心之物也格其意之物也格其知之物也正心者正其物之心也誠意者誠其物之意也致知者致其物之知也此豈有內外彼此之分

哉理一而已以其理之凝聚而言則謂之性以其凝聚之主宰而言則謂之心以其主宰之發動而言則謂之意以其發動之明覺而言則謂之知以其明覺之感應而言則謂之物故就物而言謂之格就知而言謂之致就意而言謂之誠就心而言謂之正正者正此也誠者誠此也致者致此也格者格此也皆所謂窮理以盡性也天下無性外之理無性外之物學之不明皆由世之儒者認理爲外認物爲外而不知義外之說孟子蓋嘗闢之乃至襲陷其內而不覺豈非亦有似是而難明者

歟不可以不察也凡執事所以致疑於格物之說者必謂其是內而非外也必謂其專事於反觀內省之爲而遺棄其講習討論之功也必謂其一意於綱領本原之約而脫畧於支條節目之詳也必謂其沈溺於枯槁虛寂之偏而不盡於物理人事之變也審如是豈但獲罪於聖門獲罪於朱子是邪說誣民叛道亂正人得而誅之也而況於執事之正直哉審如是世之稍明訓詁聞先哲之緒論者皆知其非也而況執事之高明哉凡某之所謂格物其於朱子九條之說皆包羅統括於其中

但爲之有要作用不同正所謂毫釐之差耳然毫釐之差而千里之繆實起於此不可不辨孟子闢楊墨至於無父無君二子亦當時之賢者使與孟子並世而生未必不以之爲賢墨子兼愛行仁而過耳楊子爲我行義而過耳此其爲說亦豈滅理亂常之甚而足以眩天下哉而其流之弊孟子至比於禽獸夷狄所謂以學術殺天下後世也今世學術之弊其謂之學仁而過者乎謂之學義而過者乎抑謂之學不仁不義而過者乎吾不知其於洪水猛獸何如也孟子云予豈好辯哉予不得

已也楊墨之道塞天下孟子之時天下之尊信楊墨當不下於今日之崇尚朱說而孟子獨以一人呶呶於其閒噫可哀矣韓氏云佛老之害甚於楊墨韓愈之賢不及孟子孟子不能救之於未壞之先而韓愈乃欲全之於已壞之後其亦不量其力且見其身之危莫之救以死也嗚呼若某者其尤不量其力果見其身之危莫之救以死也矣夫衆方嘻嘻之中而獨出涕嗟若舉世恬然以趨而獨疾首蹙額以爲憂此其非病狂喪心殆必誠有大苦者隱於其中而非天下之至仁其孰能察之

其爲朱子晚年定論蓋亦不得已而然中閒年歲早晚誠有所未考雖不必盡出於晚年固多出於晚年者矣然大意在委曲調停以明此學爲重平生於朱子之說如神明蓍龜一旦與之背馳心誠有所未忍故不得已而爲此知我者謂我心憂不知我者謂我何求蓋不忍牴牾朱子者其本心也不得已而與之牴牾者道固如是不直則道不見也執事所謂決與朱子異者僕敢自欺其心哉夫道天下之公道也學天下之公學也非朱子可得而私也非孔子可得而私也天下之公也公言

之而已矣故言之而是雖異於已乃益於已也言之而非雖同於已適損於已也益於已者已必喜之損於已者已必惡之然則某今日之論雖或於朱子異未必非其所喜也君子之過如日月之食其更也人皆仰之而小人之過也必文某雖不肖固不敢以小人之心事朱子也執事所以教反覆數百言皆以未悉鄙人格物之說若鄙說一明則此數百言皆可以不待辨說而釋然無滯故今不敢縷縷以滋瑣屑之瀆然鄙說非面陳口析斷亦未能了了於紙筆間也嗟乎執事所以開導啟迪於我者可謂懇到詳切矣人之愛我寧有如執事者乎僕雖甚愚下寧不知所感刻佩服然而不敢遽舍其中心之誠然而姑以聽受云者正不敢有負於深愛亦思有以報之耳秋盡東還必求一面以卒所請千萬終教

答聶文蔚

春間遠勞迂途枉顧問證惓惓此情何可當也已期二三同志更處靜地扳留旬日少效其鄙見以求切劘之益而公期俗絆勢有不能別去極怏怏如有所失忽承

箋惠反覆千餘言讀之無甚浣慰中間推許太過蓋亦獎掖之盛心而規礪眞切思欲納之於賢聖之域又託諸崇一以致其勤勤懇懇之懷此非深交篤愛何以及是知感知媿且懼其無以堪之也雖然僕亦何敢不自鞭勉而徒以感媿辭讓爲乎哉其謂思孟周程無意相遭於千載之下與其盡信於天下不若眞信於一人道固自在學亦自在天下信之不爲多一人信之不爲少者斯固君子不見是而無悶之心豈世之謭謭屑屑者知足以及之乎乃僕之情則有大不得已者存乎其間

而非以計人之信與不信也夫人者天地之心天地萬物本吾一體者也生民之困苦荼毒孰非疾痛之切於吾身者乎不知吾身之疾痛無是非之心者也是非之心不慮而知不學而能所謂良知也良知之在人心無間於聖愚天下古今之所同也世之君子惟務致其良知則自能公是非同好惡視人猶己視國猶家而以天地萬物爲一體求天下無治不可得矣古之人所以能見善不啻若己出見惡不啻若己入視民之飢溺猶己之飢溺而一夫不獲若己推而納諸溝中者非故爲是

而以蘄天下之信己也務致其良知求自慊而已矣堯舜三王之聖言而民莫不信者致其良知而言之也行而民莫不說者致其良知而行之也是以其民熙熙皞皞殺之不怨利之不庸施及蠻貊而凡有血氣者莫不尊親爲其良知之同也嗚呼聖人之治天下何其簡且易哉後世良知之學不明天下之人用其私智以相比軋是以人各有心而偏瑣僻陋之見狡僞陰邪之術至於不可勝說外假仁義之名而內以行其自私自利之實詭辭以阿俗矯行以干譽揜人之善而襲以爲己長

訐人之私而竊以爲己直忿以相勝而猶謂之徇義險以相傾而猶謂之疾惡妒賢忌能而猶自以爲公是非恣情縱欲而猶自以爲同好惡相陵相賊自其一家骨肉之親已不能無爾我勝負之意彼此藩籬之形而況於天下之大民物之衆又何能一體而視之則無怪於紛紛籍籍而禍亂相尋於無窮矣僕誠賴天之靈偶有見於良知之學以爲必由此而後天下可得而治是以每念斯民之陷溺則爲之戚然痛心忘其身之不肖而思以此救之亦不自知其量者天下之人見其若是遂

相與非笑而詆斥之以爲是病狂喪心之人耳嗚呼是奚足恤哉吾方疾痛之切體而暇計人之非笑乎人固有見其父子兄弟之墜溺於深淵者呼號匍匐裸跣顛頓扳懸崖壁而下拯之士之見者方相與揖讓談笑於其傍以爲是棄其禮貌衣冠而呼號顛頓若此是病狂喪心者也故夫揖讓談笑於溺人之傍而不知救此惟行路之人無親戚骨肉之情者能之然已謂之無惻隱之心非人矣若夫在父子兄弟之愛者則固未有不痛心疾首狂奔盡氣匍匐而拯之彼將陷溺之禍有不顧而況於病狂喪心之譏乎而又況於蘄人之信與不信乎嗚呼今之人雖謂僕爲病狂喪心之人亦無不可矣天下之人心皆吾之心也天下之人猶有病狂者矣吾安得而非病狂乎猶有喪心者矣吾安得而非喪心乎

昔者孔子之在當時有議其爲諂者有譏其爲佞者有毀其未賢詆其爲不知禮而侮之以爲東家丘者有嫉而沮之者有惡而欲殺之者晨門荷蕢之徒皆當時之賢士且曰是知其不可而爲之者歟鄙哉硜硜乎莫已知也斯已而已矣雖子路在升堂之列尙不能無疑於

其所見不悅於其所欲往而且以之爲迂則當時之不信夫子者豈特十之二三而已乎然而夫子汲汲遑遑若求亡子於道路而不暇於煖席者甯以蘄人之知我信我而已哉蓋其天地萬物一體之仁疾痛迫切雖欲已之而自有所不容已故其言曰吾非斯人之徒與而誰與欲潔其身而亂大倫果哉末之難矣嗚呼此非誠以天地萬物爲一體者孰能以知夫子之心乎若其遯世無悶樂天知命者則固無入而不自得道並行而不相悖也僕之不肖何敢以夫子之道爲己任顧其心亦

已稍知疾痛之在身是以彷徨四顧將求其有助於我者相與講去其病耳今誠得豪傑同志之士扶持匡翼共明良知之學於天下使天下之人皆知自致其良知以相安相養去其自私自利之蔽一洗讒妒勝忿之習以濟於大同則僕之狂病固將脫然以愈而終免於喪心之患矣豈不快哉嗟乎今誠欲求豪傑同志之士於天下非如吾文蔚者而誰望之乎如吾文蔚之才與志誠足以援天下之溺者今又既知其具之在我而無假於外求矣循是而充若決河注海孰得而禦哉文蔚所

謂一人信之不為少其又能遯以委之何人乎會稽素號山水之區深林長谷信步皆是寒暑晦明無時不宜安居飽食塵囂無擾良朋四集道義日新優哉游哉天地之閒寗復有樂於是者孔子云不怨天不尤天下學而上達僕與二三同志方將請事斯語奚暇外慕獨其切膚之痛乃有未能恝然者輒復云云爾咳疾暑毒書札絕懶盛使遠來遲留經月臨岐執筆又不覺累紙蓋於相知之深雖已縷縷至此殊覺有所未能盡也

二

得書見近來所學之驟進喜慰不可言諦視數過其閒雖亦有一二未瑩徹處卻是致良知之功尚未純熟到純熟時自無此矣譬之驅車既已由於康莊大道之中或時橫斜迂曲者乃馬性未調銜勒不齊之故然已只在康莊大道中決不賺入傍蹊曲徑矣近時海內同志到此地位者曾未多見喜慰不可言斯道之幸也賤軀舊有咳嗽畏熱之病近入炎方輒復大作　主上聖明洞察責付甚重不敢遽辭地方軍務冗沓皆輿疾從事今卻幸已平定已具本乞回養病得在林下稍就清涼

或可瘳耳人還伏枕草草不盡傾企外惟濬一簡幸達

致之

來書所詢草草奉復一二近歲來山中講學者往往多說勿忘勿助工夫甚難問之則云才著意便是助才不著意便是忘所以甚難區區因問之云忘是忘箇甚麽助是助箇甚麽其人默然無對始請問區區因與說我此閒講學卻只說箇必有事焉不說勿忘勿助必有事焉者只是時時去集義若時時去用必有事的工夫而或有時閒斷此便是忘了卽須勿忘時時去用必有事的工夫而或有時欲速求效此便是助了卽須勿助其工夫全在必有事焉上用勿忘勿助只就其閒提撕警覺而已若是工夫原不閒斷卽不須更說勿忘原不欲速求效卽不須更說勿助此其工夫何等明白簡易何等灑脫自在今卻不去必有事上用工而乃懸空守著一箇勿忘勿助此正如燒鍋煮飯鍋內不曾漬水下米而乃專去添柴放火不知畢竟煮出箇甚麽物來吾恐火候未及調停而鍋已先破裂矣近日一種專在勿忘忽助上用工者其病正是如此終日懸空去做箇勿忘

又懸空去做箇勿助漭漭蕩蕩全無實落下手處究竟工夫只做得箇沈空守寂學成一箇痴騃漢才遇些子事來即便牽滯紛擾不復能經綸宰制此皆有志之士而乃使之勞苦纏縛擔閣一生皆由學術誤人之故甚可憫矣夫必有事焉只是集義集義只是致良知說集義則一時未見頭腦說致良知即當下便有實地步可用工故區區專說致良知隨時就事上致其良知便是格物著實去致良知便是誠意著實致其良知而無一毫意必固我便是正心著實致良知則自無忘之病無

一毫意必固我則自無助之病故說格致誠正則不必更說箇忘助孟子說忘助亦就告子得病處立方告子强制其心是助的病痛故孟子專說助長之害告子助長亦是他以義爲外不知就自心上集義在必有事焉上用功是以如此若時時刻刻就自心上集義則良知之體洞然明白自然是是非非纖毫莫遁又焉有不得於言勿求於心不得於心勿求於氣之弊乎孟子集義養氣之說固大有功於後學然亦是因病立方說得大段不若大學格致誠正之功尤極精一簡易爲徹上徹

下萬世無弊者也聖賢論學多是隨時就事雖言若人殊而要其工夫頭腦若合符節緣天地之閒原只有此性只有此理只有此良知只有此一件事耳故凡就古人論學處說工夫更不必攙和兼搭而說自然無不脗合貫通者才須攙和兼搭而說卽是自己工夫未明徹也近時有謂集義之功必須兼搭箇致良知而後備者則是集義之功尚未了徹也集義之功尚未了徹適足以爲致良知之累而已矣謂致良知之功必須兼搭一箇勿忘勿助而後明者則是致良知之功尚未了徹也

致良知之功尚未了徹適足以爲勿忘勿助之累而已矣若此者皆是就文義上解釋牽附以求混融湊泊而不曾就自己實工夫上體驗是以論之愈精而去之愈遠文蔚之論其於大本達道既已沛然無疑至於致知窮理及忘助等說時亦有攙和兼搭處卻是區區所謂康莊大道之中或時橫斜迂曲者到得工夫熟後自將釋然矣文蔚謂致知之說求之事親從兄之閒便覺有所持循者此段最見近來眞切篤實之功但以此自爲不妨自有得力處以此遂爲定說教人卻未免又有因

藥發病之患亦不可不一講也蓋良知只是一箇天理自然明覺發見處只是一箇眞誠惻怛便是他本體故致此良知之眞誠惻怛以事親便是孝致此良知之眞誠惻怛以從兄便是弟致此良知之眞誠惻怛以事君便是忠只是一箇良知一箇眞誠惻怛若是從兄的良知不能致其眞誠惻怛即是事親的良知不能致其眞誠惻怛矣事君的良知不能致其眞誠惻怛即是從兄的良知不能致其眞誠惻怛矣故致得事君的良知便是致卻從兄的良知致得從兄的良知便是致卻事親

的良知不是事君的良知不能致卻須又從事親的良知上去擴充將來如此又是脫卻本原著在支節上求了良知只是一箇隨他發見流行處當下具足更無去求不須假借然其發見流行處卻自有輕重厚薄毫髮不容增減者所謂天然自有之中也雖則輕重厚薄毫髮不容增減而原又只是一箇雖則只是一箇而其間輕重厚薄又毫髮不容增減若可得增減若須假借即已非其眞誠惻怛之本體矣此良知之妙用所以無方體無窮盡語大天下莫能載語小天下莫能破者也孟

氏堯舜之道孝弟而已者是就人之良知發見得最眞切篤厚不容蔽昧處提省人使人於事君處友仁民愛物與凡動靜語默閒皆只是致他那一念事親從兄眞誠惻怛的良知即自然無不是道蓋天下之事雖千變萬化至於不可窮詰而但惟致此事親從兄一念眞誠惻怛之良知以應之則更無有遺缺滲漏者正謂其只有此一箇良知故也事親從兄一念良知之外更無有良知可致得者故曰堯舜之道孝弟而已矣此所以爲惟精惟一之學放之四海而皆準施諸後世而無朝夕

者也文蔚云欲於事親從兄之閒而求所謂良知之學就自己用工得力處如此說亦無不可若曰致其良知之眞誠惻怛以求盡夫事親從兄之道焉亦無不可也明道云行仁自孝弟始孝弟是仁之一事謂之行仁之本則可謂是仁之本則不可其說是矣億逆先覺之說文蔚謂誠則旁行曲防皆良知之用甚善甚善閒有攙搭處則前已言之矣惟濬之言亦未爲不是在文蔚須有取於惟濬之言而後盡在惟濬又須有取於文蔚之言而後明不然則亦未免各有倚著之病也舜察邇言

而詢芻蕘非是以邇言當察芻蕘當詢而後如此乃良知之發見流行光明圓瑩更無罣碍遮隔處此所以謂之大知才有執著意必其知便小矣講學中自有去取分辨然就心地上著實用工夫卻須如此方是盡心三節區區曾有生知學知困知之說頗已明白無可疑者蓋盡心知性知天者不必說存心養性事天不必說殀壽不貳修身以俟而存心養性與修身以俟之功已在其中矣存心養性事天者雖未到得盡心知天的地位然已是在那裏做箇求到盡心知天的工夫更不必說

殀壽不貳修身以俟而殀壽不貳修身以俟之功已在其中矣譬之行路盡心知天者如年力壯健之人既能奔走往來於數千百里之間者也存心事天者如童穉之年使之學習步趨於庭除之間者也殀壽不貳脩身以俟者如襁抱之孩方使之扶牆傍壁而漸學起立移步者也既已能奔走往來於數千里之間者則不必更使之於庭除之間而學步趨而步趨於庭除之間自無弗能矣既已能步趨於庭除之間則不必更使之扶牆傍壁而學起立移步而起立移步自無弗能矣然學起

立移步便是學步趨庭除之始學步趨庭除便是學奔走往來於數千里之基固非有二事但其工夫之難易則相去懸絕矣心也性也天也一也故及其知之成功則一然而三者人品力量自有階級不可躐等而能也細觀文蔚之論其意以恐盡心知天者廢卻存心修身之功而反爲盡心知天之病是蓋爲聖人憂工夫之或間斷而不知爲自己憂工夫之未真切也吾儕用工卻須專心致志在殀壽不貳修身以俟上做只此便是做盡心知天功夫之始正如學起立移步便是學奔走千里之始吾方自慮其不能起立移步而豈遽慮其不能奔走千里又況爲奔走千里者而慮其或遺忘於起立移步之習哉文蔚識見本自超絕邁往而所論云然者亦是未能脫去舊時解說文義之習是爲此三段書分疏比合以求融會貫通而自添許多意見纏繞反使用工不專一也近時懸空去做勿忘勿助者其意見正有此病最能擔誤人不可不滌除耳所謂尊德性而道問學一節至當歸一更無可疑此便是文蔚曾著實用工然後能爲此言此本不是險僻難見的道理人或意見

不同者還是良知尙有纖翳潛伏若除去此纖翳卽自無不洞然矣已作書後移臥簷間偶遇無事遂復答此文蔚之學既已得其大者此等處久當釋然自解本不必屑屑如此分疏但承相愛之厚千里差人遠及諄諄下問而竟虛來意又自不能已於言也然直戇煩縷已甚恃在信愛當不為罪惟濬處及謙之崇一處各得轉錄一通寄視之尤承一體之好也

右南大吉錄

訓蒙大意示教讀劉伯頌等

古之教者教以人倫後世記誦詞章之習起而先王之教亡今教童子惟當以孝弟忠信禮義廉恥為專務其栽培涵養之方則宜誘之歌詩以發其志意導之習禮以肅其威儀諷之讀書以開其知覺今人往往以歌詩習禮為不切時務此皆末俗庸鄙之見烏足以知古人立教之意哉大抵童子之情樂嬉遊而憚拘檢如草木之始萌芽舒暢之則條達摧撓之則衰痿今教童子必使其趨向鼓舞中心喜悅則其進自不能已譬之時雨春風霑被卉木莫不萌動發越自然日長月化若冰霜

剝落則生意蕭索日就枯槁矣故凡誘之歌詩者非但
發其志意而已亦所以洩其跳號呼嘯於詠歌宣其幽
抑結滯於音節也導之習禮者非但肅其威儀而已亦
所以周旋揖讓而動蕩其血脈拜起屈伸而固束其筋
骸也諷之讀書者非但開其知覺而已亦所以沈潛反
復而存其心抑揚諷誦以宣其志也凡此皆所以順導
其志意調理其性情潛消其鄙吝默化其麤頑日使之
漸於禮義而不苦其難入於中和而不知其故是蓋先
王立教之微意也若近世之訓蒙穉者日惟督以句讀

課倣責其檢束而不知導之以禮求其聰明而不知養
之以善鞭撻繩縛若待拘囚彼視學舍如囹獄而不肯
入視師長如寇仇而不欲見窺避掩覆以遂其嬉遊設
詐飾詭以肆其頑鄙偷薄庸劣日趨下流是蓋驅之於
惡而求其為善也何可得乎凡吾所以教其意實在於
此恐時俗不察視以為迂且吾亦將去故特叮嚀以告
爾諸教讀其務體吾意永以為訓毋輒因時俗之言改
廢其繩墨庶成蒙以養正之功矣念之念之

教約

每日清晨諸生參揖畢教讀以次徧詢諸生在家所以愛親敬長之心得無懈忽未能眞切否溫凊定省之儀得無虧缺未能實踐否往來街衢步趨禮節得無放蕩未能謹飭否一應言行心術得無欺妄非僻未能忠信篤敬否諸童子務要各以實對有則改之無則加勉教讀復隨時就事曲加誨諭開發然後各退就席肄業

凡歌詩須要整容定氣清朗其聲音均審其節調毋躁而急毋蕩而囂毋餒而懾久則精神宣暢心氣和平矣每學量童生多寡分爲四班每日輪一班歌詩其餘皆

就席斂容肅聽每五日則總四班遞歌於本學每朔望集各學會歌於書院

凡習禮須要澄心肅慮審其儀節度其容止毋忽而惰毋沮而怍毋徑而野從容而不失之迂緩脩謹而不失之拘局久則體貌習熟德性堅定矣童生班次皆如歌詩每間一日則輪一班習禮其餘皆就席斂容肅觀習禮之日免其課倣每十日則總四班遞習於本學每朔望則集各學會習於書院

凡授書不在徒多但貴精熟量其資稟能二百字者止

可授以一百字常使精神力量有餘則無厭苦之患而有自得之美諷誦之際務令專心一志口誦心惟字字句句紬繹反覆抑揚其音節寬虚其心意久則義禮浹洽聰明日開矣

每日工夫先考德次背書誦書次習禮或作課倣次復誦書講書次歌詩凡習禮歌詩之數皆所以常存童子之心使其樂習不倦而無暇及於邪僻教者知此則知所施矣雖然此其大略也神而明之則存乎其人

王文成公全書卷之二終

